DATE DUE			
NOV 9 2002			

Todo lo que necesitas saber sobre | *La ira*

Cuando no se controla, la ira puede convertirse en una fuerza destructiva.

Todo lo que necesitas saber sobre

La ira

Renora Licata

Traducción al español
Mauricio Velázquez de León

The Rosen Publishing Group's
Editorial Buenas Letras™
New York

Published in 1992, 1994, 1997, 1999, 2003 by The Rosen Publishing Group, Inc.
29 East 21st Street, New York, NY 10010

First Edition in Spanish 2003
Revised English Edition 1999

Cataloging Data

Licata, Renora
   Todo lo que necesitas saber sobre la ira / Renora Licata ; traducción al español Mauricio Velázquez de León.
      p. cm. -- (Todo lo que necesitas saber)
   Includes bibliographical references and index.
   Summary: Discusses the causes of anger and all of its ill effects on people as well as ways to control it.
   ISBN 0-8239-3587-6
   1. Anger—Juvenile literature. [1. Anger. 2. Spanish Language Materials.] I. Title. II. Series.
      15.4'7—dc20

Manufactured in the United States of America

Contenido

Introducción   6

Capítulo 1   ¿Qué te hace enojar?   10

Capítulo 2   La ira puede ser positiva   22

Capítulo 3   Del enojo a la agresión   28

Capítulo 4   La ira como
asunto familiar   36

Capítulo 5   Encontrar el balance   44

Capítulo 6   La importancia de
la autoestima   52

Glosario   58

Dónde obtener ayuda   60

Sugerencias de lectura   62

Índice   63

Introducción

La ira es un sentimiento muy fuerte. Todos nos enojamos en algún momento, por diferentes razones y de maneras distintas. Algunas personas pueden enojarse con más facilidad, otras con mayor frecuencia. Ser capaz de controlar tu ira y saber cómo evitar que te meta en problemas son dos habilidades muy importantes. Aunque algunas personas son muy hábiles controlando su temperamento, algunas otras pierden frecuentemente el control. Esto puede ser un problema, especialmente si alguien comienza a pelear con la persona con la que se enoja.

Los sentimientos de ira que se alojan en nuestro interior pueden ser muy perjudiciales. Por ejemplo, Kurt Cobain, el cantante de la banda Nirvana, era una persona con mucha ira. Cobain tenía muchos

Cuando somos bebés se nos permite gritar y llorar para expresar nuestras necesidades. Cuando somos adultos, debemos comunicarnos de otra manera.

problemas, incluyendo una adicción a la heroína y una enfermedad estomacal muy dolorosa.

Su ira le ayudó a componer su música y se convirtió en el tema de algunas de las letras de sus canciones. Gracias a sus composiciones y a su guitarra, Cobain fue capaz de enfrentar algunos de sus problemas internos y usar su ira de forma positiva. Desgraciadamente, componer canciones no fue suficiente. En 1994 Cobain se quitó la vida. Uno de los factores que lo condujeron a la muerte, fue su ira sin resolver. A Cobain le sobrevivió su esposa y una pequeña hija. Al final, ellas también fueron víctimas de su ira. En el capítulo 3 discutiremos como la ira puede afectarte a ti y a quienes te rodean.

En nuestra vida diaria estamos rodeados de imágenes de ira. La vemos en los noticieros de televisión, en la portada de los periódicos, en las películas y, quizás, en nuestros propios hogares. La ira casi siempre es una fuerza negativa, pero en ocasiones puede utilizarse de forma positiva. Por ejemplo, en 1981, una terrible tragedia sacudió a la familia de John Walsh, el conductor del programa de TV *America's Most Wanted*. Adam, su hijo de seis años de edad, fue secuestrado y asesinado. Como te podrás imaginar esto produjo mucha ira y dolor a la familia Walsh. Lo que es aún peor es que en aquel entonces no existía un sistema en los Estados Unidos para localizar niños perdidos. Sólo la policía local podía ayudar a los Walsh a localizar a su hijo.

John y su esposa decidieron hacer algo al respecto. Gracias a la rabia que sintieron los Walsh, actualmente existen leyes para proteger a los niños desaparecidos y víctimas de abuso. Además existen organizaciones de niños extraviados. Cuando le pidieron a John que condujera *America's Most Wanted*, él sabía que el programa podía ayudar a atrapar a personas peligrosas y evitar que dañaran a otros. Gracias a los Walsh, muchos niños han sido localizados y han regresado con sus familias. En el capítulo 2 encontrarás otras formas de usar la ira de manera positiva.

Desgraciadamente, es más común que las personas pierdan el control. Cuando esto sucede, las personas más cercanas son las que más sufren. Muchas veces las personas descargan su ira en sus familias simplemente porque las tienen a la mano. Tus padres u otros miembros de tu familia podrían enojarse contigo, de la misma manera que tú puedes enojarte con ellos. El capítulo 4 te ayudará a enfrentar diferentes tipos de conflictos en la familia.

Existen muchas cosas que puedes hacer para mantener el control cuando estás enojado. En el capítulo 5 encontrarás útiles consejos y ejercicios para aprovechar lo que aprendas en este libro. En el capítulo 6 leerás sobre la autoestima y cómo ésta afecta la forma en la que expresas tu ira. Si tú o tu familia tienen problemas de ira o de violencia, no dejes de revisar la página 60 en la que te diremos dónde obtener ayuda.

Capítulo 1

¿Qué te hace enojar?

"**M**i hermana Lucy me hace enojar", dice Carla. "Toma prestada mi ropa sin preguntarme y luego me la regresa maltratada. ¡Estoy tan enojada! ¡A veces quisiera matarla!"

En realidad, Carla no quiere matar a su hermana, pero está tan enojada que no se sabe cómo podría reaccionar. Quizás sólo le dirá que no vuelva a tomar su ropa sin su permiso, o decida ignorarla por unos días. Pero también podría gritarle y golpearla. La forma en la que reaccionas cuando estás enojado depende de tu personalidad, de cómo fuiste educado y de la forma en que enfrentan la ira las personas que te rodean. Sin

Los padres pueden ser una fuente de apoyo para adolescentes en momentos de frustración, de ira y de confusión.

embargo, no importa a qué tipo de comportamiento estés acostumbrado o cuán enojado te encuentres, es muy importante controlarte y evitar la violencia.

Es común recibir mensajes confusos acerca de la ira durante tu crecimiento. Si hiciste algo malo, como insultar a una persona o negarte a compartir tus juguetes, es muy probable que tus padres te dijeran algo como "Eso que hiciste no está bien". ¿Pero qué pasaba cuando tú estabas enojado? ¿Se molestaban contigo tus padres por expresar tus sentimientos o te animaban a decir lo que sentías?

¿Cuándo eras pequeño pensaste alguna de estas cosas?

- **No es bueno sentir ira.**

- **Sólo la gente mala siente ira.**

- **Si expreso mi ira no le gustaré a nadie.**

¿Y qué tal tus sentimientos de ira actualmente?

- **¿Sueles guardarte esos sentimientos?**

- **¿Te sientes culpable cuando te enojas con alguien?**

- **¿Te sientes disgustado cuando alguien se enoja contigo?**

¿Se contagia la ira?

Una de las razones por las que la ira es peligrosa se debe a que puede ser muy contagiosa, como una gripe o un resfriado. Si una persona está molesta por algo, es muy probable que su enojo comience a afectar a otros a su alrededor. Mira lo que sucedió en la clase de Sergio.

"Hay una chica en mi clase llamada Iliana", dice Sergio. "El otro día la vi copiando en el examen de historia y fui a decirle al maestro. Esto le provocó muchos problemas y el Sr. Martins le puso F de calificación. Después de esto Iliana comenzó a llamarme consentido del maestro. ¡No sabes cómo

me hizo enojar! Así que se lo dije a Marco Antonio, mi mejor amigo, y ahora él también está enojado con Iliana y quiere hacerle algo.

Aunque Iliana no le hizo nada a Marco Antonio, ahora él está enojado con ella porque es amigo de Sergio. Ésta puede convertirse en una terrible situación, especialmente si Marco Antonio le dice a otro amigo o compañero de clase que él y Sergio están enojados con Iliana. Antes de que se den cuenta, toda la clase podría estar enojada con ella, y ni siquiera saber por qué.

La historia de Mike

Mike tuvo un mal día en la escuela. Primero se enteró de que había reprobado el examen de matemáticas. Luego su mejor amigo Theo le dijo que en dos semanas se mudaría con su familia a Detroit.

"¿Cómo te fue?" le preguntó su mamá al regresar a casa.

" ¡Déjame en paz!" gritó Mike.

Más tarde, su hermana Ana tocó en la puerta de su recámara y comenzó a abrirla.

"¡Vete de aquí, latosa! ¡Fuera de mi habitación!" gritó Mike.

Antes de que cerrara por completo la puerta, Mike vio que su hermana estaba llorando.

Mike golpeó la pared con el puño. ¿Por qué estoy actuando como un idiota? Ellas no me han hecho nada y me estoy desquitando de todo con ellas.

¿Alguna vez te has comportado como Mike? Él estaba enojado porque Theo se iba a mudar a otra ciudad. Mike se dio cuenta de que estaba siendo injusto con su mamá y su hermana. A la hora de la cena se disculpó y les explicó por qué había actuado así. Hablar con su familia le ayudó a resolver su ira.

Sufriendo de estrés

Se hacía tarde, Celia tenía su libro de álgebra frente a ella y un bebé llorando en sus brazos. "¿Cómo podré hacer todo esto?" pensó. Los otros dos chicos corrían por toda la casa gritándose el uno al otro. Entonces sonó el teléfono. "Habla la Sra. Campbell, Celia. Me olvidé de preguntarte si podías lavar los platos y limpiar la sala porque después de la cena vamos a casa a tomar el café".

Celia colgó el teléfono y sacudió la cabeza. "¡Vengan aquí de inmediato!" le gritó a los dos chicos. Taylor y Claudy entraron corriendo a la cocina. "Yo me encargo de esto. Ustedes vayan a su habitación y métanse en la cama", dijo gritando.

"¿Quién nos va a contar una historia en la cama?" preguntó Claudy.

Los niños aprenden cómo enfrentar la ira al observar a sus padres.

"¡Nada de historias! Y ahora a acostarse".
Claudy entró al cuarto del bebé. "Deja de llorar y ve a dormir" gritó Celia.
Cuando Celia lavaba los platos, escuchó a Taylor decir, "Celia es muy mala". Entonces ella se sintió culpable.

Celia tenía demasiadas cosas que hacer y no tenía tiempo suficiente. Se sintió presionada y descargó su enojo contra los chicos. Pero los adultos no son los únicos que tienen que enfrentar estrés. A continuación te presentamos algunos síntomas clásicos de tensión:

- Sentirse irritable o malhumorado

- Sentirse cansado o inquieto

- Actuar de manera nerviosa, excitada o "rara"

- Tener trastornos estomacales

- Sentirse paranoico

- Alterarse mucho por problemas pequeños.

- Confundirse o ser incapaz de concentrarse

- Dudar de las habilidades personales

Es imposible mantenerse completamente alejado de situaciones estresantes. Éstas simplemente suceden. Lo que sí puedes hacer es aprender a manejar la tensión de manera efectiva. Además es muy importante que te alimentes sanamente, que duermas suficientes horas y que pienses de forma positiva. Piensa que una situación estresante puede ser una oportunidad para aprender y un desafío. Cuando te sientas atemorizado o enojado, busca a un adulto para platicar.

Recuerda que es importante descanzar un rato cuando realizas una actividad estresante. Has algo relajante y respira profundamente. Regresa a tu tarea cuando estés listo para enfrentarte con ella de nuevo.

El imposible evitar situaciones estresantes. Por eso es importante aprender a manejar la tensión.

Enojarte contigo mismo

David se enojaba mucho consigo mismo. Si le iba mal en un examen de la escuela se llamaba a sí mismo estúpido. Si fallaba una canasta en la práctica de baloncesto, se llamaba a sí mismo torpe. David se decía cosas como "No lograré nada en la vida porque todo lo hago mal". Mientras más se decía estas cosas, más se las creía y menos intentaba hacer algo al respecto. Andaba abatido por la casa y se sentía deprimido. En ocasiones su mamá se enojaba con él y le gritaba cosas como "¡Eres un holgazán! ¡Nunca lograrás nada!" David creía que eso también era verdad.

En realidad David era un chico muy talentoso. Podía dibujar y pintar muy bien. Con trabajo y algunas clases para desarrollar sus habilidades podría ser un gran artista. Desdichadamente sus sentimientos negativos acerca de sí mismo no le permiten hacer nada. David tenía miedo de intentarlo porque tenía miedo de fracasar. David sufría de baja autoestima, lo que significa que no se gustaba mucho a sí mismo. Una baja autoestima o falta de amor propio, es una de las principales causas de ira entre los jóvenes en la actualidad. Muchos psicólogos consideran que una muy baja autoestima puede conducir a un adolescente a cometer crímenes violentos. Los padres y otros adultos pueden ayudar a construir la autoestima en los jóvenes mostrándoles su apoyo y no criticándolos. Quizás la mamá de David debería dejar de llamarlo holgazán y decirle cosas como "Tienes tanto talento y creatividad. ¿Por qué no te animas y comienzas a usarla?" El amor y el apoyo siempre motivarán a las personas, mientras que las críticas y las quejas disminuirán su autoestima.

Arreglárselas con la frustración

Dora tuvo un día terrible. La noche anterior no durmió casi nada porque la alarma de un automóvil estuvo sonando por seis horas afuera de su casa. Cuando finalmente se quedó dormida, no despertó sino hasta las 8:45 a.m. y se le había hecho tarde para la escuela. No logró alisar un lado de su pelo y el peinado le quedó desigual todo el día. Su maestra de inglés le llamó la atención por quedarse dormida en clase. La maestra de matemáticas le dijo que si tenía otro bajo resultado reprobaría todo el curso. Cuando regresó a casa su mamá le preguntó qué le había pasado en el cabello. Dora comenzó a gritar y se encerró en su cuarto.

Lo que más deseaba Samuel en el mundo era una bicicleta. Todos sus amigos tenían bicicleta y él se sentía frustrado de que sus padres no le pudieran comprar una. Finalmente se cumplió su deseo el día que cumplió catorce años. Al regresar de la escuela encontró una bicicleta roja de diez velocidades envuelta con un lazo amarillo. Samuel estaba tan emocionado que anduvo en bici por todo su vecindario y al otro día se fue en ella a la escuela. Ahí la aseguró contra un poste utilizando una gruesa cadena. Sin embargo cuando salió de clases vio que la cadena había sido cortada a la mitad y que la bicicleta había desaparecido.

"¡No, no mi bicicleta nueva!" lloraba Samuel. Luego corrió de vuelta a casa dónde su mamá le preguntó qué había sucedido. Él explotó "Alguien se robó mi bicicleta y nunca podré tener otra porque nunca tenemos dinero. ¡Te odio y odio esta familia!"

Todos tenemos momentos en los no podemos obtener lo que queremos. Cuando no puedes obtener lo que deseas resulta doloroso. Puedes sentir frustración y puedes atacar a personas a las que amas.

Los años de la adolescencia son años difíciles. Muchos cambios comienzan a suceder tanto en tus emociones como en tu cuerpo. Además experimentarás nuevos sentimientos. Estos cambios son necesarios para tu desarrollo.

Pero cambiar significa que tendrás que aprender nuevas cosas sobre ti mismo. Si te sientes enojado, échale un vistazo a tus otros sentimientos. Lee estas preguntas:

- **¿Me encuentro ante cualquier clase de estrés?**

- **¿Me siento amenazado de alguna manera?**

- **¿Alguien o algo importante para mí está en riesgo?**

- **¿Me siento frustrado o desanimado?**

- **¿Me he fijado metas realistas?**

- **¿He pensado en mis fracasos de la forma equivocada?**

Contesta estas preguntas y quizás sabrás por qué te sientes enojado. Conocer las razones por las que estas enojado puede ser el paso más importante. Al reconocer los motivos, podrás mantener el control y sentirás que tienes el poder para solucionar tus problemas.

Capítulo 2

La ira puede ser positiva

¿Te has enojado porque no te gustó cómo te trataron a ti o a otra persona? ¿Alguna vez has sentido la necesidad de hacer algo porque te pareció injusta una situación? Cuando usas tu ira de manera constructiva puedes cambiar tu vida o la de tu comunidad.

Por ejemplo, si alguien es rudo contigo, usa tu ira constructivamente para hacerle saber cómo te sientes. O si te molesta la contaminación y la basura, utiliza tu ira para iniciar una campaña orientada a limpiar tu vecindario o la ciudad.

Puede tomar tiempo para que descubras cómo expresar tus sentimientos. Aquí te presentamos algunas historias de lo que han hecho otras personas.

La invasión de la privacidad puede crear sentimientos de ira y desconfianza.

Todd

Todd trabaja medio turno en Monty´s Comics. Todos los empleados en la tienda trabajan por comisión, es decir, mientras más venden, más dinero ganan. A Todd le gustaba el trabajo hasta que contrataron a Laz, un chico que conocía de su escuela. Siempre que un cliente entraba a la tienda, Laz se le adelantaba para atenderlo. Todd estaba enojado y se quejó con su jefe.

"Debes aprender a ser más agresivo", sugirió su jefe.

Todd no creía que ésa fuera la respuesta porque él había ganado bastante en comisiones antes de que Laz fuera contratado.

Las cosas empeoraron. Laz estaba tomando todas las ventas de Todd, y éste no estaba ganando nada de dinero. La gota que derramó el vaso, fue cuando el jefe acusó a Todd de haber robado dinero de la caja registradora.

"¡Esto no es justo!" reclamó Todd. "¡Yo nunca haría eso!" Todd estaba lastimado y muy molesto. Estaba enojado porque Laz era el causante de los problemas y lo culpaban a él.

En casa, Todd habló con su papá. Él sugirió que Laz había tomado el dinero. "Yo no tomé ningún dinero" le dijo a su padre "a pesar de que no estoy ganando tanto como Laz".

Todd y su padre fueron a hablar con Laz y su familia. Laz estaba tan apenado de que sus padres supieran la verdad que le confesó todo a Todd.

"Lo siento, Todd, no quería meterte en ningún lío", se disculpó.

Ambos regresaron a la tienda y Laz confesó al jefe que había sido él quien tomó el dinero. Todd hizo lo correcto al hablar con su padre. Y Laz hizo lo correcto diciendo la verdad. El jefe se disculpó con Todd y Laz fue despedido.

Al final las cosas resultaron bien para Todd. Él había estado enojado con Laz por mucho tiempo. Cuando fue acusado de manera injusta, expresó de inmediato su enojo. Mantuvo sus sentimientos bajo control y manejó la situación. Al comportarse de forma apropiada, Todd fue capaz de controlar una situación difícil.

Catalina

Una noche mis amigos y yo paseábamos en el nuevo auto de Patricia. Llegamos a un semáforo en rojo y otro auto se detuvo a un costado. El conductor sacó la cabeza por la ventana y nos gritó "¡Oigan, babosas, estaciónense!"

El tipo daba un poco de miedo por lo que le dije a Patricia que no lo volteara a ver. Pero antes de que se pusiera la luz verde, el tipo bajó de su auto y se paró frente a nosotras. Se veía muy enojado. Comenzó a golpear el capó y pude ver que Patricia comenzaba a enojarse. Estaba preocupada por su auto nuevo. Patricia no pudo resistir más y gritó "¿Qué diablos estás haciendo?"

"Me cerraste el paso, imbécil" gritó el tipo.

"¿Dónde? preguntó Patricia.

"En la otra esquina" dijo el tipo mientras la tomaba del brazo.

"¡Oye!" grité mientras me bajaba del auto. "¡Suéltala!"

"¿Y por qué habría de hacerlo?" me preguntó el tipo con una mirada malvada.

"Porque te lo estoy pidiendo" dije con voz tranquila. "Si hay algún problema, hablemos al respecto".

"No voy a hablar de nada con ustedes, par de cachorritas" dijo con una sonrisa burlona.

Regresé al auto y marqué 911 desde el teléfono del coche. Afortunadamente, una patrulla de la policía llegó de inmediato. Cuando el tipo vio la patrulla soltó el brazo de Patricia.

El policía bajó de la patrulla diciendo "¿Hay algún problema?"

La ira puede hacer que las personas utilicen la fuerza física para obtener lo que desean.

Catalina manejó muy bien este episodio. Primero trató de hablar con el tipo para solucionar el problema. Cuando se dio cuenta de que estaba demasiado enojado como para ser racional, pidió ayuda. Catalina mantuvo su ira bajo control y evitó que ella o Patricia resultaran lastimadas.

La resolución de conflictos se ha convertido en un método muy popular para enfrentar problemas en las escuelas de todo el país. Es una excelente manera de controlar la ira y de que los estudiantes aprendan a enfrentar a gente que se encuentra enojada.

Capítulo 3

Del enojo a la agresión

No podemos escapar a la realidad: vivimos en un mundo hostil y violento. Más jóvenes mueren en los Estados Unidos por actos violentos con armas de fuego que por cualquier otra razón. Entre 1988 y 1992, los arrestos por homicidio juvenil se incrementaron 93 por ciento. Más de 5,000 crímenes por odio (crímenes ocasionados por prejuicios hacia un grupo de personas) se cometen anualmente en los Estados Unidos.

Estos son resultados negativos de la ira. Cuando las personas no pueden controlarla, o la acumulan dentro de sí por muchos años, puede convertirse en una fuerza destructiva. La ira destructiva puede herir de forma física o emocional a otras personas: es completamente inaceptable.

Ira violenta

La violencia es una forma de expresar sentimientos muy fuertes. Significa el uso de fuerza física para herir o abusar de alguien o algo. Algunas personas se tornan violentas porque están enojadas.

Si una persona está muy enojada, tiene una enfermedad mental o consume altos niveles de drogas o alcohol, entonces puede tornarse violenta incluso sin saberlo. Para algunos la violencia puede ser una reacción natural a la ira. Quizás no han aprendido a controlarla. Quizás se ha ido acumulando por mucho tiempo y no ha sido expresada. Es importante aprender a manejar la ira en una forma pacífica. Las personas violentas pueden producirse dolor a ellos mismos o a personas y cosas que les importan.

En ocasiones una persona se vuelve violenta al culpar a alguien por algo que ha sucedido. La persona enojada no puede manejar sus emociones y siente que debe castigar a alguien más. La persona elegida para ser castigada no tiene que ver necesariamente con el problema. Generalmente éste es el caso cuando alguno de los padres abusa de uno de sus hijos. El papá o la mamá están enojados por algo y no son capaces de resolver el problema que les produce la ira, entonces explotan de forma violenta contra sus hijos.

Una persona puede responder a la ira de forma violenta y repentina, sin ninguna advertencia. O la ira

En ocasiones dejar salir la ira es la mejor manera de aliviar tu enojo, siempre y cuando no sea dañino para ti mismo o para los demás.

puede acumularse lentamente por un periodo de tiempo y explotar abruptamente. Una persona puede perder el control. No hay forma de predecir las acciones de una persona que siente tanta ira.

Perder el control

Cuando alguien pierde el control significa que está descargándose. Este escape de ira puede ser tanto del tipo emocional como físico, e incluso de ambos. Su propósito es "dejar salir el vapor". En ocasiones al dejar salir la ira, la persona puede perder el control. Aquí hay algunos ejemplos:

- **Hacer un berrinche cuando las cosas no salen a tu manera**

- **Azotar puertas para decirle a tus padres que no te gustan sus reglas**

- **Colgarle el teléfono a un amigo cuando trata de darte un consejo**

- **Desordenar la ropa de tu hermana porque rompió tu blusa favorita**

- **Gritar y maldecir cuando te golpeas un dedo con el martillo**

- **Conducir imprudentemente mientras tratas de alcanzar el auto que te cerró el paso**

Si algunas cosas te hacen enojar no significa que seas una mala persona. Significa que estás respondiendo a algo que no te gusta. Este tipo de ira puede ser difícil de manejar. Pero cuando no puedes controlar tus sentimientos es mejor explotar solo. Busca un lugar donde puedas hacerlo. Grita, patea, brinca y realiza todo lo que sea necesario para tranquilizarte, siempre y cuando no te lastimes o alguien más.

Otros comportamientos destructivos

Cierto comportamiento destructivo proviene de la ira oculta. Este tipo de ira es muy difícil de identificar.

En ocasiones cuando alguien está enojado difunde **chismes** o **cotilleos**. Chismorrear significa decirle a otras personas cosas muy personales de alguien a quien conoces. La gente puede ser muy cruel con las palabras. Incluso si la historia que estás contando es verdad, puede herir algunos sentimientos. Un chisme puede traicionar la confianza entre amigos, hermanos, vecinos, padres e hijos.

Criticar significa encontrarle defectos a algo o a alguien. En ocasiones cuando las personas están enojadas se expresan de esta manera. A los hijos hay que decirles cuando cometen errores o cuando toman decisiones equivocadas. Pero demasiada crítica de un adulto puede hacer que un chico se sienta inferior.

Una forma de usar la ira para controlar una situación es a través del **método del silencio**. Aquí la persona enojada bloquea toda comunicación. Tiene el poder de decidir cuando volverán las cosas a la normalidad. La persona ignorada se siente herida, frustrada e indefensa.

En ocasiones una persona sentirá **rencor** hacia otra. Esto significa que no olvidará o perdonará. La ira y los malos sentimientos pueden durar por mucho tiempo, incluso durante años.

¿Has escuchado la expresión "si las miradas mataran...?" Una mirada desagradable o mal intencionada también puede enviar un mensaje de ira intensa. Incluso sin palabras fuertes, la ira puede lastimar a otras personas.

Ira y autoestima

Muchos jóvenes comienzan a perder confianza en sí mismos durante los años de la adolescencia. La presión en la escuela es muy fuerte, se quiere complacer a los padres, y además adaptarse y pertenecer a un grupo. Es difícil tomar decisiones adecuadas todo el tiempo. Entonces comienzas a dudar de ti mismo, comienzas a escuchar esa voz interna que dice que eres un fracaso. Sin importar lo que otras personas digan, no crees tener ningún valor o talento. Tu autoestima comienza a disminuir.

Sentir rencor es una forma muy común de acumular ira dentro de nosotros mismos.

Con frecuencia el siguiente paso es la depresión. Las personas deprimidas tienen muchos síntomas físicos. No tienen mucha energía, comienzan a perder interés en cosas que antes disfrutaban, no les interesa su apariencia, a quién frecuentan o los lugares que visitan. La depresión afecta el cuerpo y la mente. Puede hacer creer a la gente que está enferma o puede realmente enfermarla.

Cuando las personas dejan de creer que tienen algún valor, pueden tornarse autodestructivas; vuelcan su ira hacia el interior. Estas personas pueden considerar que no vale la pena que los traten bien o, incluso, que deben ser tratados de mala manera. Pueden buscar parejas que los maltraten y se quedan a su lado porque creen que no merecen algo mejor. O pueden abusar de su propio cuerpo recurriendo a las drogas, el alcohol, e incluso, al suicidio.

Es muy importante que comprendas tus sentimientos de ira y las razones que los producen. También es importante expresarlos sin herirte a ti mismo o a los demás. Si esto es un problema para ti, existen lugares en los que puedes obtener ayuda. Al final de este libro encontrarás información acerca de estos lugares.

Capítulo 4

La ira como asunto familiar

Tu familia es una de las mayores influencias en tu vida. Esto puede incluir a tus padres, padrastros, hermanos y hermanas, hermanastros, primos y abuelos. La familia ideal, sin importar cómo se relacionan contigo sus miembros, debe crear un ambiente seguro y cómodo en donde seas capaz de crecer y aprender.

Aprender de tu familia

Tu familia es tu mayor influencia. En casa aprendes a comportarte y a tratar a otras personas, aprendes el valor de principios como la responsabilidad, la honestidad y el valor y aprendes a tomar tus propias decisiones y a lidiar con tus propios problemas. En

Los hijos que crecen en una familia donde hay mucha ira, tienen más posibilidades de ser infelices.

muchos aspectos, el tipo de persona que llegarás a ser depende de tu familia. Pero además hay otra cosa muy importante: tu familia determina cómo te sientes contigo mismo.

Una familia saludable cumple ciertas necesidades entre sus miembros:

- **La necesidad de apoyo y aliento**
- **La necesidad de expresarnos por nosotros mismos**
- **La necesidad de ser amado**
- **La necesidad de sentir seguridad**

Incluso en las mejores familias las cosas no siempre son perfectas. Los familiares no siempre deben estar de acuerdo entre ellos. Pero se deben cuidar y atender unos a otros. Deben tratar de arreglar los problemas, platicar y ponerse de acuerdo. Los adultos en las familias saludables ofrecen buenos modelos de conducta para sus hijos. Un modelo de conducta es alguien que sirve como ejemplo para los demás.

El papá de Kevin y Miguel ha estado sin trabajo desde que su compañía se mudó de la ciudad hace dos años. Él había trabajado ahí por dieciocho años, y como es el único trabajo que ha tenido, le es muy difícil conseguir uno nuevo. Ahora se queda en casa viendo televisión la mayor parte del tiempo. Generalmente se encuentra malhumorado. Cualquier cosa, por pequeña que sea, es motivo de una gran discusión.

La mamá de Kevin y Miguel tiene dos trabajos de medio tiempo y su padre se queja de ella. Dice que la casa siempre es un desorden y que su cena nunca está lista a tiempo. Prácticamente no se hablan entre ellos. Generalmente la mamá está demasiado cansada como para discutir, y no le gusta la forma en que la trata su marido. Sabe que su esposo es muy infeliz, pero le molesta verlo

Una persona desempleada por mucho tiempo puede sentirse fracasada.

en casa todo el día. Está convencida de que debe haber algún trabajo para él en el algún lado, si tan sólo intentara buscarlo.

Kevin es un chico sensible de unos catorce años de edad. lamenta que su padre haya perdido el trabajo y le gusta recordar los momentos felices que compartieron juntos. Ahora hay muchos gritos y tensión en casa, lo que hace que Kevin se sienta nervioso e infeliz la mayor parte del tiempo.

Kevin es trabajador. Además de irle muy bien en la escuela, tiene un empleo como repartidor de periódicos. Kevin le cuenta a su mamá sus planes para ir a la universidad, y eso la hace sentirse muy orgullosa. Ella sabe que Kevin se esfuerza por ser útil y entusiasta. Kevin no quiere hacer enojar a su papá.

Miguel, el hermano mayor, pasa la mayor parte del tiempo con sus amigos y no tiene interés por nada en particular. No le gusta la escuela y quiere dejarla tan pronto como cumpla dieciséis años. Miguel sólo piensa en beber con sus amigos y pasarla tranquilo. Incluso cuando está en casa, no sale de su habitación. Miguel no quiere mezclarse en los problemas de su papá. La mayor parte del tiempo pone tan alto su estéreo que bloquea todos los otros sonidos de la casa.

Esta familia sufre el estrés y la frustración ocasionada por el desempleo de uno de los padres. La ira del padre podría estar ocultando otros sentimientos. Podría tener miedo de ser rechazado en un trabajo que realmente le interese. Quizás le da vergüenza aceptar un empleo de un nivel más bajo. Y quizás no se sienta un verdadero hombre porque su esposa trabaja para mantener la familia.

Para Kevin y Miguel, su padre no es un buen modelo de conducta. Aunque perder el empleo no fue su culpa, ha renunciado a buscar un nuevo trabajo. Esto ha empeorado las cosas. Cada día que pasa se siente más deprimido e incapaz. Mientras tanto su ira se acumula. Su comportamiento se hace más destructivo, tanto para él como para su familia.

A Kevin le entristece que las cosas en casa no sean como antes. Aunque quizás no entiende la situación por completo, Kevin no culpa a nadie en particular. Él está muy apegado a su mamá y necesita de su amor y apoyo. Ella lo ayuda a seguir sintiéndose bien consigo mismo. Kevin enfrenta la situación familiar de una manera positiva. Kevin cree en sí mismo, mira hacia el futuro y se ha dado cuenta de que no debe cambiar en casa.

Por otro lado, Miguel ha dejado que sus amigos tomen el papel de su familia. Miguel no ha enfrentado sus problemas. Simplemente los ha evitado. No ha sido

Es importante aprender a controlar la ira sin perjudicarse a uno mismo o a los demás.

honesto consigo mismo. Quiere creer que sólo necesita pasarla bien. Pero lo que realmente necesita es hablar con un adulto responsable. Como no se siente tan cerca de su mamá como Kevin, tiene que buscar ayuda fuera de la familia. Miguel debe encontrar a alguien que entienda sus sentimientos, y aprender a expresarlos de una forma positiva. Así podría comenzar a sentirse mejor.

¿Hay mucha ira en tu familia? ¿Los miembros de tu familia responden violentamente? ¿Te sientes en peligro en tu propia casa? Si tu respuesta a cualquiera de éstas preguntas es "sí" debes buscar ayuda.

Quizás no logres resolver los problemas en casa, pero podrás ayudarte a ti mismo.

Existen muchos profesionales preparados para comprender los problemas familiares. Ellos saben por lo que estás pasando y pueden ayudarte. En la escuela, por ejemplo, puedes hablar con la enfermera o el consejero. También puedes hablar con un trabajador social o un psicólogo. Quizás te sientas cómodo hablando con el doctor de tu familia o con un miembro del clero. Hablar puede ayudarte. Mientras más entiendas los problemas de tu familia, podrás sentirte mejor. Existen muchos grupos de apoyo en tu comunidad diseñados para enfrentar problemas como los que te suceden. Recuerda: ¡No te dejes deprimir por la ira de otras personas! Incluso la familia que amas no debe lastimarte.

Capítulo 5

Encontrar el balance

Quizás ya te hayas dado cuenta de que enfrentar tu ira, como muchas otras cosas en la vida, es una cuestión de balance. Has aprendido que no es saludable retenerla, que expresarla de cierta manera no es socialmente aceptable, y que utilizarla para herirte a ti mismo o a otras personas siempre resulta dañino. ¿Cómo manejar entonces este poderoso sentimiento?

No siempre es sencillo, pero tú puedes aprender a controlar tu ira y expresarla de manera constructiva. Como puedes ver, gracias al incremento de crímenes que suceden diariamente, un sentimiento descontrolado de ira puede tener desastrosos resultados. Sólo tú eres responsable por la manera de expresar tus emociones.

¿Tienes problemas para controlarte? Entonces lee las siguientes preguntas, escribe las respuestas en una hoja aparte y descubre qué te dicen acerca de ti mismo.

1. ¿Quién te hace enojar más?

( ) tus padres

( ) hermanos, hermanas, o medios hermanos

( ) maestros

( ) amigos

( ) desconocidos

2. ¿Cómo respondes usualmente cuando alguien te hace enojar?

( ) te guardas tus sentimientos y no dejas que la otra persona lo sepa

( ) te alejas; buscas a alguien con quien hablar

( ) le haces saber a la persona cómo te sientes

( ) tratas de lastimarla físicamente

( ) la tomas contra alguien más

( ) tratas de desquitarte

3. ¿Cómo te sientes después de tu respuesta?

( ) mejor, más tranquilo

( ) deseando haber tenido el valor para decir lo que realmente sentiste

( ) confundido, incapaz de pensar con claridad

( ) avergonzado de ti mismo, culpable

( ) nervioso, atemorizado

4. ¿Qué te gustaría cambiar de la forma en la que expresas la ira?

( ) nada

( ) pelear con palabras en lugar de con los puños

( ) no dejar que te molesten tanto las cosas

( ) expresar tus sentimientos de una forma más abierta

( ) mantener el control

Actitudes positivas

La **actitud** es la forma en la que eliges examinar los elementos con los que construirás tu mundo. Si tienes una actitud positiva y ves el lado amable de las cosas, te darás cuenta de que puedes controlar tu ira y reaccionar bien a circunstancias difíciles. Pero si, en general, tienes una actitud negativa y te enfocas en los problemas o dificultades de cualquier situación, entonces estarías quejándote demasiado, encontrando problemas donde quiera que vayas y enojándote con mucha facilidad.

Karla y Gary

Gary, un estudiante de décimo grado de secundaria se ha enfermado mucho este semestre. Aunque sus amigos le han estado llevando la tarea, parece que no puede ponerse al corriente. "Es difícil hacer la tarea cuando no me

Al igual que con los talentos y habilidades, se necesita práctica para mantener una actitud positiva.

siento bien", dice Gary desalentado.

Cuando comenzó a sentirse mejor fue a patinar en hielo con sus hermanas al estanque cerca de su casa. Desdichadamente seguía débil a causa de su enfermedad y se cayó en el hielo.

"¡No puedo creer mi mala suerte! Esto no es justo", protestó Gary cuando el doctor le dijo que se había fracturado el brazo y tendría que tenerlo enyesado de seis a ocho semanas.

En el hospital Gary conoció a una chica muy agradable llamada Karla. ¡Karla ha pasado tanto tiempo en el hospital que ha tenido que repetir el año escolar en dos ocasiones! "Pero mira", le dijo

Karla a Gary, "tengo mucho tiempo para leer los libros que me gustan y ponerme al día con mis amigos.

Karla está más enferma de lo que Gary ha estado jamás, aun así ella parece tener una actitud más positiva sobre su enfermedad.

"¿Nada te deprime?" le preguntó Gary.

"Claro", dijo Karla, "pero depende de tu actitud. Puedo enojarme por estar enferma y no poder hacer las cosas que hacen otros chicos de mi edad. O puedo estar contenta con lo que tengo".

"¿Y qué es lo que tenemos?" preguntó Gary.

"Aun podemos ver y oír y hablar. Muchas personas dan eso por un hecho. Pero yo no. He visto a chicos en el hospital que no pueden hacer nada de eso, y me siento agradecida por lo que tengo".

Gary pensó al respecto por un minuto. "A mi me quitarán el yeso en sólo seis u ocho semanas" le dijo a Karla sonriendo.

Tanto Karla como Gary enfrentan situaciones difíciles. Pero mientras Gary está enojado por su enfermedad y por su brazo roto, Karla trata de ser positiva, a pesar de que es difícil estar de buen ánimo todo el tiempo.

¿Cambia tu ánimo con frecuencia? Eso es normal en personas de tu edad. También es normal que no sepas a qué se deben tus cambios de ánimo. Si esto te preocupa, trata de ver el lado bueno de cada situación. Esto podría necesitar de práctica.

Trata de hacer el siguiente ejercicio. En una hoja de papel finaliza las siguientes oraciones con pensamientos positivos. (Ejemplo: tengo un brazo roto, pero aun puedo hacer muchas cosas con mi otro brazo).

1. Reprobé mi examen, pero en los exámenes finales puedo...

2. Mi mejor amigo se mudará fuera de la ciudad, pero aún puedo...

3. Olvidé mi dinero para el almuerzo, pero puedo...

4. Mis padres trabajan mucho, pero aun puedo...

5. No entré al equipo de baloncesto este año, pero aun puedo...

¿Fue fácil? ¿Tuviste problemas para encontrar algo positivo en cada oración? Si te fue difícil, trata de crear tus propias oraciones. Encontrar finales positivos para malas situaciones es una buena manera de practicar para cuando estés en una situación que te moleste.

Consejos útiles

Recuerda que es posible controlar la ira. Estas sugerencias podrían serte útiles.

• **Sé consciente de tu ira.** Aprende a reconocer qué pasa conforme te vas enojando. ¿Rechinas los dientes o sientes presión en el estómago? ¿Tu corazón palpita más rápidamente? ¿Evitas mirar a los ojos?

Quizás haces cosas cuando estás enojado que no haces normalmente. Exagerar, fumar o beber son algunas de las cosas que hacen las personas cuando se enojan.

Quizás te pongas sarcástico y te burles de las personas a tu alrededor. Sea lo que sea, presta atención a tus reacciones. Date cuenta de que eso sucede porque estás enojado.

El control se puede perder cuando no prestamos atención a la ira y estos sentimientos no desaparecen por sí solos. La ira puede acumularse y hacerse más fuerte. Si continúas almacenando sentimientos de ira, es posible que un día exploten sin aviso.

• **Planea por anticipado y mantén el control.** Tú te conoces bastante bien. Piensa acerca de las cosas que te molestan. Has una lista de los asuntos a los que eres sensible. Incluye en la lista a las personas que te sacan de quicio. ¿Quién realmente te afecta? ¿Estás enojado por algún pariente alcohólico, una incapacidad o una enfermedad en la familia? ¿Quién o qué te hace sentirte amenazado?

• **Conoce tus límites.** ¿Cuánto puedes soportar? ¿Cuánto tiempo puedes reprimirte? Es importante saber esto antes de que suceda algo que te haga sentir mal.

• **Busca el origen.** Puede ser buena idea que le digas cómo te sientes a la persona responsable de tu enojo. "Me molestó cuando..." o "estoy enojado porque..." Esto puede iniciar una conversación. En ocasiones esto aclara las cosas. Se puede llegar a un entendimiento y la ira que sientes podrá desaparecer.

• **Sigue intentando y prepárate para algunos fracasos.** No renuncies. Cometerás errores de vez en cuando. Todos lo hacemos. Lo importante es entender por qué perdiste el control. Reflexiona en qué te equivocaste para que puedas hacerlo mejor la próxima ocasión.

Debes decidirte a controlar tu ira, debes ser responsable por la forma en que expresas tus sentimientos y comenzar a practicar las cosas que te ayudan a tranquilizarte. Quizás sólo necesitas unas pocas palabras: "Esto no es importante," o "No es gran lío". Sea lo que sea trata de usarlo tanto como puedas. Luego comienza a trabajar para lograr tu objetivo.

Capítulo 6

La importancia de la autoestima

¿Conoces a alguien que se enoja por cualquier cosa? Alguien a quien las cosas más insignificantes se le convierten en enormes problemas y entonces todo se sale de control. O quizás alguien que piensa siempre lo peor de una situación sin importar cuáles sean las circunstancias. Puede haber muchas razones para las actitudes negativas en estas personas, pero probablemente una de ellas es una baja autoestima. Quienes tienen una baja autoestima no se valoran muy bien a sí mismos. Con frecuencia creen ser las víctimas de las maldades de los demás. Quien tiene una alta autoestima se siente bien consigo mismo y puede aceptar responsabilidad por sus problemas con mayor facilidad. Si no te gustas a ti mismo, será difícil que te gusten los demás.

Hacer algo positivo, tal y como ayudar a los demás, puede mejorar tu perspectiva y hacerte sentir bien contigo mismo.

¿Cómo consideras tu autoestima, alta o baja? Si no estás seguro realiza el examen de la página siguiente. Sé honesto con tus respuestas, piensa cómo te sientes la mayoría del tiempo, y no cómo te gustaría sentirte. Luego regresa a esta página.

Si contestase "cierto" a la mayoría de estas declaraciones, entonces tienes una alta autoestima. Si contestaste "falso" a la mayoría de ellas, necesitas trabajar en ella. Pero no te sientas mal. Reconocer que tu autoestima necesita un empujón es el primer paso para mejorarla, y eso es lo que acabas de hacer.

Examen de autoestima

En una hoja de papel contesta cierto o falso a las siguientes declaraciones.

1. Me gusto a mí mismo

2. Creo en mí mismo

3. Le gusto a los demás

4. Me gusta conocer nuevas personas

5. Acepto las críticas

6. Me gusta experimentar nuevas cosas

7. Acepto reconocimientos cuando hago bien las cosas

8. Las relaciones son importantes para mí

9. Puedo compartir cosas con mi familia

10. Soy abierto con mis sentimientos

11. Me causa felicidad cuando a otros les va bien

12. Creo que soy una buena persona

13. Soy feliz siendo lo que soy

Una pelea positiva

Mejorar tu autoestima te ayudará cuando te encuentres en una situación que te puede hacer enojar.

• **Piensa muy bien lo que eres.** Sé honesto. Has una lista con tus puntos buenos y malos. Siéntete orgulloso de tus cualidades y trabaja en aquellos que no son tan positivos.

• **No te deprimas.** Deja de decirte que eres tonto y que nunca vas a hacer bien las cosas. Mejor, piensa en aquellas para las que eres bueno y recuerda que incluso lograr estas cosas te tomó algún tiempo.

• **Acéptate a ti mismo.** Tú eres lo que eres, seas alto o chaparro, regular o guapo. Eso no lo puedes cambiar, así que deja de quejarte. Quizás tienes bonitos ojos, piel agradable o un gran sentido del humor. Concéntrate en las cosas que te gustan más de ti.

• **El perdón es crucial.** Si has cometido errores en el pasado, perdónate, pero recuerda el error para que aprendas de esta experiencia. La próxima vez lo harás mejor. Todos cometemos errores, lo importante es aprender de ellos y no repetirlos.

• **Tómalo con calma.** No esperes despertarte mañana con una gran autoestima. Los cambios llevan tiempo. Avanza con calma y tómate tu tiempo para descubrir todas las cosas maravillosas que hacen una gran persona.

• **Sé bueno contigo mismo.** Realiza actividades que disfrutes. Si levantar pesas, dar paseos o acariciar a tu gato te hace feliz, entonces hazlo. O quizás solo necesitas pasear con alguien que te gusta y te hace sentir cómodo. Estar con amigos felices y positivos puede hacerte sentir mejor.

La autoestima es una importante herramienta. Las personas con alta autoestima tienen más facilidad para dejar pasar las cosas en lugar de enojarse. Quizás no puedas controlar cierta situación, pero siempre debes tratar de controlar tus propias reacciones. Depende de ti conservar el control sin importar lo que otras personas hagan.

La violencia nunca es una buena manera de resolver tu ira y sólo provoca más problemas. Por eso debes encontrar formas más sanas y positivas de controlar tu enojo. Aquí te damos algunas sugerencias:

• **Respira profundamente y tranquilízate.**

• **Aléjate de la situación y regresa cuando sientas que te has controlado.**

• **Cuenta hasta diez antes de decir algo de lo que te puedas arrepentir.**

• **Detente y piensa en tres formas de arreglar la situación antes de reaccionar.**

• **Habla sobre el problema.**

Usando éstas y otras estrategias similares, puedes controlar tu ira. De cualquier forma, si tus emociones son demasiado grandes como para controlarlas, existen muchos lugares que pueden ayudarte. La resolución de problemas es un método muy común utilizado en las escuelas para resolver conflictos. Este método le enseña a los estudiantes distintas formas de manejar su ira. También puedes hablar con tus padres u otros miembros de tu familia, vecinos, amigos, maestros, el trabajador social de la escuela o el consejero, un doctor o un consejero religioso. Además puedes buscar en el directorio telefónico lugares como:

- **Servicios de orientación, individuales o familiares**
- **Centros de salud mental o de servicio social**
- **YMCA / YWCA**
- **Psicólogos**

¡Depende de ti tomar el primer paso! Y aunque puede ser difícil, ¡sigue adelante! Es lo mejor que puedes hacer.

Glosario

abuso Utilización de violencia o fuerza emocional para controlar a otra persona.

aceptable Reconocido o aprobado por los demás.

adolescencia Periodo de crecimiento entre la infancia y la edad adulta, aproximadamente desde los doce a los veintiún años de edad.

autoestima La forma como te percibes a ti mismo. Amor propio.

berrinche Explosión de ira, generalmente de corta duración.

chisme Información o rumor acerca de otras personas que frecuentemente es falso o desconsiderado. Cotilleo.

confusión Estado de desconcierto.

criticismo Decir lo que es bueno o malo de una persona.

depresión Sentir tristeza profunda.

destructivo Causar daño o perjuicio.

emociones Sentimientos como felicidad, culpa, alivio o tristeza.

enojo Sentimiento que demuestra que no estás contento acerca de algo.

estrés Sentimiento de presión o tensión.

frustración Sentimiento de disgusto o desánimo.

gesto Movimiento de las manos, cabeza u otras partes del cuerpo que muestra lo que una persona está pensando o sintiendo.

grupo de apoyo Grupo de personas que se reúnen para compartir sentimientos y apoyar a otros.

influencia Cambiar o tener un efecto sobre algo.

injusticia Acción contraria a la justicia.

método del silencio No hablar o comunicarte con alguien a propósito. "Ley del hielo".

motivar Hacer que una persona tome una acción.

paranoia Pensar que el mundo está en tu contra.

precipitado Actuar rápidamente sin cuidado.

rencor Un sentimiento de enojo o resentimiento de larga duración

responsabilidad Un deber u obligación para hacerse cargo de algo.

sarcasmo Burla o ironía mordaz con la que se hiere o humilla a alguien.

sensible Consciente de la forma en que te sientes tú y otras personas

suicidio Acción de quitarse la vida.

vergüenza Sentimiento de incomodidad o pena.

víctima Persona que es objeto de un crimen o abuso.

violencia El uso de la fuerza física para lastimar o abusar.

Dónde obtener ayuda

En los Estados Unidos

American Psychological Association
Asociación Psicológica de los Estados Unidos
750 First Street NE
Washington, DC 20002
(202) 336-5700

Línea de ayuda para la violencia
En español (800) 942-6908 / (800) 621HOPE

National Domestic Violence Hotline
Línea de ayuda para la violencia doméstica
En inglés y español (800) 799 SAFE

National Institute of Mental Health
Instituto Nacional de Salud Mental

5600 Fishers Lane, Room 7C-02 MSC 8030
Bethesda, MD, 20892-8030
(301) 443-4513
Website en español:
http://www.nimh.nih.gov/publicat/spanishpub.cfm

National Youth Violence Prevention
Prevención de la violencia juvenil
(866) SAFE YOUTH

YMCA
YMCA en los Estados Unidos
101 North Wacker Drive, Suite 1400
Chicago, IL 60606-1400
(312) 977-0031
Website: http://www.ymca.net/index.jsp

YWCA
Centro de operaciones YWCA
Empire State Building, Suite 301
350 Fifth Avenue
New York, NY 10118
Website: http://www.ywca.org
http://www.anger.on.ca

Sugerencias de lectura

En español:

Kreiner, Anna. *Todo lo que necesitas saber sobre la violencia en la escuela.* New York, The Rosen Publishing Group, Editorial Buenas Letras, 2003.

En inglés:

Beckelman, Laurie. *Anger.* New York: Macmillan International, 1994.

Ellis, Albert. *How to Control Anger Before It Controls You.* Flushing, NY: Asia Book Corporation of America, 1994.

Little, Gregory R., and Kenneth D. Robinson. *Coping with Anger.* Memphis, TN: Eagle Wing Books, 1997.

McKay, Matthew, Peter Rogers, and Judith McKay. *When Anger Hurts.* New York: Fine Communications, 1997.

Nye, Alfred, Jr. *Understanding and Managing Your Anger and Aggression.* Corpus Christi, TX: BCA Publishing, 1993.

Índice

A

abuso, 8, 29, 35
aceptación de uno mismo, 55
actitud
   negativa, 18–19, 46
   positiva, 16–18, 46–49, 56
alcohol, 29, 35
America's Most Wanted, 8
ánimo, cambios de, 48
apoyo, 19, 37, 41, 43
autoestima, 9, 18–19, 33, 52–56

B

berrinche, 31

C

chismes, 32
Cobain, Kurt, 6–7
comportamiento destructivo, 28, 32,
   34, 41
corazón, 50
crítica, 19, 50

D

depresión, 18, 35
desempleo, 38–41
drogas, 29, 35

E

estrés, 14–16, 41

F

familia, 8–9, 36–43
fracaso, 34, 51
frustración, 19–21, 41

I

ira
   como amenaza a la salud, 16
   consciencia de, 50
   contagiosa, 12–14
   controlar la, 6, 11, 22, 27,
      45–46, 50–51, 57–58
   con uno mismo, 18–19
   dejándola salir, 31–34
   en la familia, 36–43
   hablar acerca de, 14, 25-27
   sentimientos de, 6, 28–31
   tomarla contra alguien,
      15, 29
   usarla constructivamente, 8,
      22, 45

L

límites, 50

M
método del silencio, 34
modelos de conducta, 38, 41

P
perdón, 55
planear, 50

R
rencores, 34
resolución de conflictos, 57
respiración, 18

S
salud, peligros de la ira en, 16
sentimientos

balance de, 44–51
cambios en, 21
depresión, 18, 34
estrés, 14-16, 41
frustración, 19–21, 41
ocultar, 41
suicidio, 36

V
violencia, 11, 19, 28–29, 56
    autoestima y, 19

W
Walsh, John, 8

Acerca del autor

Renora Licata es editora y escritora independiente y ha trabajado con niños de distintas edades. Durante varios años fue tutora de estudiantes de secundaria inscritos en el Head Start Program. Actualmente vive en Connecticut con su esposo y sus tres hijos.

Créditos fotográficos

Cover, pp. 2, 7, 11, 15, 17, 23, 25, 27, 30, 34, 37, 39, 42, 47, 53 © IndexStock.

Diseño

Nelson Sá